OS SETE ESPÍRITOS DE DEUS

Os sete espíritos de Deus não são o Espírito Santo.
Eles estão perante do Trono de Deus.
Nós os chamamos professores e governadores.

Apocalipse 1 verso 4

PERGAMINHOS, TRIBUNAIS E OS SETE ESPÍRITOS DE DEUS

Escrita por
Lindi Masters

Ilustrada por
Lizzie Masters

Escrita por
Lindi Masters©

Ilustrada por
Lizzie Masters©

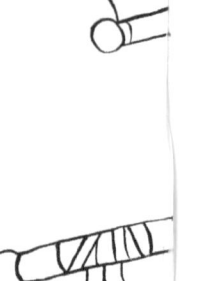

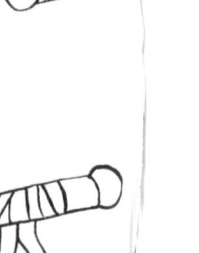
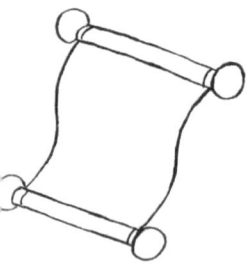

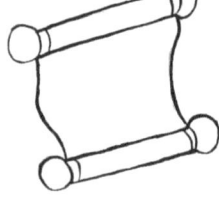

Eles muitas vezes nos ensinam nas aulas do Céu.

Eles nos ensinam a fazer as coisas, não a fazê-las por nós.

Nós podemos ser ensinados pelos Sete Espíritos de Deus quando nós queremos.

Isaías 11 versos 1-2.

ESPÍRITO DE SENHOR

Glória

Domínio

Dimensões

Filiação

Nos ensina sobre a glória de Deus e o governo de Deus.
E tudo o que tem a fazer com as dimensões Dos Reinos do Céu.

Ela ensina-nos a governar como filhos.
Ela ensina-nos sobre autoridade e libera contentamento
e alegria sobre nós e aqueles que nós amamos.

ESPÍRITO DE COMPREENSÃO

Ela ensina-nos como e onde ir dentro dos Reinos de Deus.
Ela ensina-nos a compreender revelação e visões.

Ensina-nos sobre o Espírito Santo e Seu lugar em nossas vidas. Ela ensina-nos a trabalhar nos Tribunais do Céu.

Ele ensina-nos sobre poder e do Domínio de Deus. Ele ensina-nos sobre a Camâra da Guerra e a luta.

ESPÍRITO DE CONHECIMENTO

Ensina-nos como libertar o Conhecimento de Deus na Terra.

E como usá-lo no mundo em redor.

Ensina os outros

Conhecimento de Deus

Dá-nos poder

Reinos Sobrenaturais

ESPÍRITO DO TEMOR DO SENHOR

Santidade

Intimidade

Louvor

Respeito

Ensina-nos sobre as maravilhas de Deus. Não quer dizer que temos temor, ajuda-nos a crescer como Filhos.

TRIBUNAIS

Existe 10 tribunais mas queremos falar sobre o Tribunal Móvel.

Nós vamos ao Tribunal Móvel pela fé. Imagine-se presente no Tribunal.

Nos Tribunais de Deus os Sete Espíritos de Deus são as nossas testemunhas. O acusador está à nossa direita, acusando-nos!

Nós pedimos perdão ao Senhor e Ele julga nossos corações. Nós sabemos que Ele sempre nos perdoa.

Depois pedimos a Deus para julgar satanás o acusador e jogar ele fora do Tribunal.

Nós recebemos os papéis e os livros de perdão das acusações e colocamos-los em nossos corações ou então comemos-los.

Zacarias 3 versos 1-7

Não é maravilhoso que como Filhos de Deus,
nós podemos ir ao Tribunal Móvel no Céu
e obter julgamento sobre o acusador?

LIVROS

A Bíblia fala sobre pergaminhos e livros. Alguma vez viu um pergaminho?

Nos Tribunais do Céu existe uma Sala de Pergaminhos.

Os pergaminhos nesta sala nos contam tudo sobre o que Jeová criou e sobre nossas vidas.

Nós podemos entrar na Sala dos Pergaminhos e pedir aos Anjos pelo nosso pergaminho pessoal que foi escrito na Montanha de Jeová. Cada um tem um pergaminho com quem ele concordou.

Nós comemos o pergaminho e colócamos-lo em nossos corações libertando seu som e sua frequência.

Obrigado Senhor pelo pergaminho da minha vida.
Salmo 139 verso 16

The spirit of the lord: red

The spirit of wisdom: orange
Tobe

The spirit of understanding: green

The spirit of Council: yellow

The spirit of knowledge: indigo

The spirit of might: blue

spirit of the fear of the lord:
violet

MObiLE CaiRT

ACCUSER

God

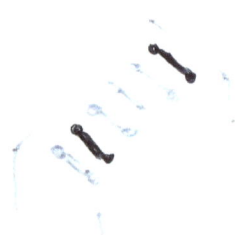

ME

Reuben 1.02.17

Jesus

יהוה

Ashlyn's scroll

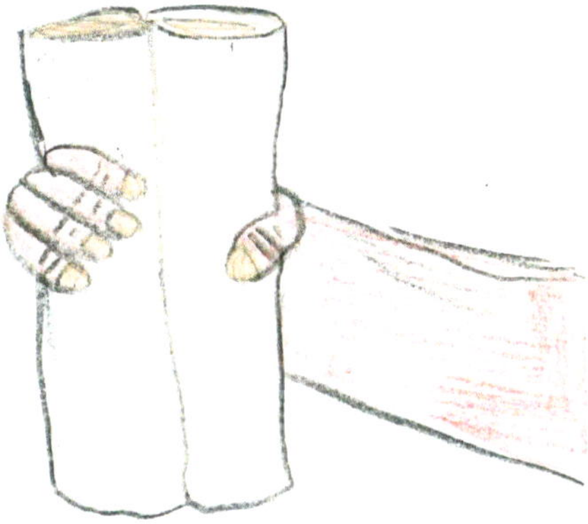

ראשׁ ־ון Reuben

Reuel's Scroll (Age 5yrs)

Este livro é o segundo numa séries criada para inspirar crianças a explorar e envolver-se no Reino dos Reinos de Jeová.

Neste exploramos sobre Pergaminhos, Tribunais e Os Sete Espíritos de Deus.